ÉDITION :
LA GRANGE AUX 1000 DÉCOUVERTES DE SOI ET DU MONDE
2021
34 RUE DES CHAPELLES
63500 ISSOIRE

LE NÉBI DE LICHT

LA MYSTÉRIEUSE

COUDÉE MÉTRIQUE

D'ÉGYPTE.

QUENTIN LEPLAT

2021

PRÉFACE DE HOWARD CROWHURST

Depuis son enfance, Quentin Leplat a une passion pour l'évaluation des choses. Pour connaître le monde, il lui a semblé essentiel de connaître ses dimensions, pour connaître la vie, de comprendre ses cycles et leur durée, pour être en bonne santé, de doser les aliments et leurs différents apports nutritifs. Son métier de coach sportif pour le vélo lui a permis de trouver une application pour cette passion. Et lorsque, pendant ses déplacements professionnels à l'étranger, il a fait la connaissance des vestiges de l'architecture des anciennes civilisations, son penchant pour la métrologie a trouvé un champ d'investigation immense.

Ses recherches sont vraiment bienvenues, car ce n'est pas un sujet qui semble être beaucoup pris au sérieux dans les milieux de l'archéologie. À vrai dire, pendant longtemps on n'y a même pas pensé. Lorsque j'ai indiqué pour la première fois que la circonférence du fameux disque de Nébra mesurait exactement 1 mètre, il semblerait que personne jusqu'à ce moment-là, parmi tous ceux qui avaient eu le privilège de prendre ce merveilleux objet en main, n'avait pensé à relever précisément ses dimensions. Depuis, cette mesure, ô combien troublante, figure en bonne place sur la page Wikipédia de cet artéfact vieux de 3600 ans.

Le plus grand obstacle au développement de l'intérêt pour la métrologie est cet à priori, qui a la vie dure, que les anciens mesuraient des choses de façon approximative et arbitraire. On raconte que les étalons de mesure auraient été pris sur le corps du roi ou du pharaon : la distance entre le bout de son nez et le bout de son majeur ou Dieu sait quelle autre partie de son corps. Il est vrai que les anciens noms des mesures viennent du corps humain. Le doigt, le pouce, la paume, l'empan, la coudée, le pied, la brasse sont les vestiges d'une ancienne métrologie, aujourd'hui remplacés par le tout-puissant système métrique, relié au système décimal. Ces mots sont des approximations de la mesure, mais ils ne sont pas la mesure elle-même. Le pied anglais, utilisé depuis de siècles, n'a pas varié de longueur en fonction de la pointure du roi (ou de la reine) d'Angleterre !

Alors qu'est-ce qui pourrait bien être la base d'un système de mesure ? La réponse à cette question, qui apparaît plus clairement aujourd'hui, veut que le seul objet qui peut servir de référence pour une base de mesure objective est la planète Terre elle-même. C'est le seul objet d'ordre céleste que l'homme puisse mesurer avec exactitude.

Cette idée était globalement acceptée jusqu'au début du XVIII[è] siècle. Tous les sages et savants, Isaac Newton compris, étaient convaincus que les anciens égyptiens avaient consigné dans la grande pyramide le secret de la taille de la Terre. Ce n'est qu'ensuite que l'homme moderne a cru dans sa propre supériorité, en reléguant les anciens sages au rang d'amateur, malgré la prouesse inimaginable et non reproductible de leurs gigantesques édifices.

Quentin est un chercheur doublé d'un combattant et il ne se laisse pas influencer par les idées préconçues sur notre passé. Il aime vérifier par lui-même l'exactitude des faits. Par ses recherches, il a acquis l'intime conviction que la mesure du mètre était non seulement connue, mais était la base de toutes les autres mesures du monde. Il n'a pas vu comme une coïncidence le fait que la campagne d'Égypte de Napoléon, accompagnée par de multiples savants, ait précédé l'introduction de la mesure du mètre en France. En achetant et en étudiant plusieurs appareils de mesure datant d'avant la Révolution Française, il a compris que la mesure du mètre était connue bien avant sa révélation au public.

Quentin m'a proposé de rappeler dans cette préface ma propre découverte concernant le positionnement des pyramides d'Égypte où l'utilisation de la mesure du mètre devient une évidence sur une très grande échelle. On peut même dire qu'il s'agit d'une gigantesque reproduction de la coudée de Nébi de 70 cm. Dans le cadre de ce texte, je me contenterai de présenter la relation entre trois pyramides, clairement visibles les une des autres : la pyramide à étages de Saqqarrah, la pyramide rouge et la pyramide rhomboïdale, dit Bent en anglais. Ces trois énormes et immuables monuments révèlent, par leurs positions respectives, l'utilisation de la

géométrie modulaire, c'est-à-dire des carrés placés les uns à côté des autres selon les axes cardinaux, et, de façon irréfutable, l'utilisation de la mesure du mètre. Les angles sont précis au centième de degré. Les points de référence pour les mesures sont :
- l'emplacement de la chambre souterraine pour Saqqarrah (légèrement au nord du centre de celle ci)
- l'emplacement de la chambre royale de la pyramide rouge (légèrement au sud du centre de celle ci)
- le centre de la base du côté sud pour la pyramide Bent.

Nous comprenons donc que les pyramides sont incluses à l'intérieur de la géométrie, car Saqqarah est au nord, la pyramide Bent est au sud et la pyramide rouge est entre les deux (voir schéma). Saqqarrah est orientée de 4.40° par rapport au nord dans le sens des aiguilles d'une montre, elle vise la pyramide Bent. Ainsi 4,40° est exactement l'angle qui la relie à la Pyramide Bent. Les deux autres pyramides sont en revanche orientées sur les axes cardinaux.

La distance nord-sud entre Saqqarah et la pyramide Bent côté sud est de 9100 m. Cette distance peut être divisée en 13 carrés (en vert) de 700 m de côté, ce qui correspond exactement à la distance est-ouest entre les deux pyramides. Or, 700 m, c'est aussi 1000 coudées de Nébi de 70 cm. La pyramide rouge se place exactement 2100 m au nord de la Bent, soit 3 carrés, laissant 10 carrés, soit 7000 m dans l'axe nord-sud entre la pyramide rouge et celle de Saqqarrah. Chacun de ces carrés mesure 1000 coudées de Nébi.

Si cette distance est divisée en 7 carrés (en bleu) de 1000 m de côté, nous retrouvons la distance est-ouest entre Saqqarah et la pyramide rouge.

Entre la pyramide rouge et la Bent, un nouveau septuple carré les relie, où chaque carré mesure 300 m de côté.

Cette incroyable géométrie à vaste échelle, qui relie les nombres 3, 7, 10 et 13, utilise le mètre et la coudée de Nébi avec une parfaite orientation sur les axes cardinaux.

Les pyramides n'ont pas bougées et j'invite le lecteur à vérifier l'exactitude de tout cela avec l'application Google Earth, qui est disponible gratuitement.

En espérant que cette démonstration puisse permettre au lecteur dubitatif d'ouvrir son esprit aux faits présentés dans ce livre par Quentin.

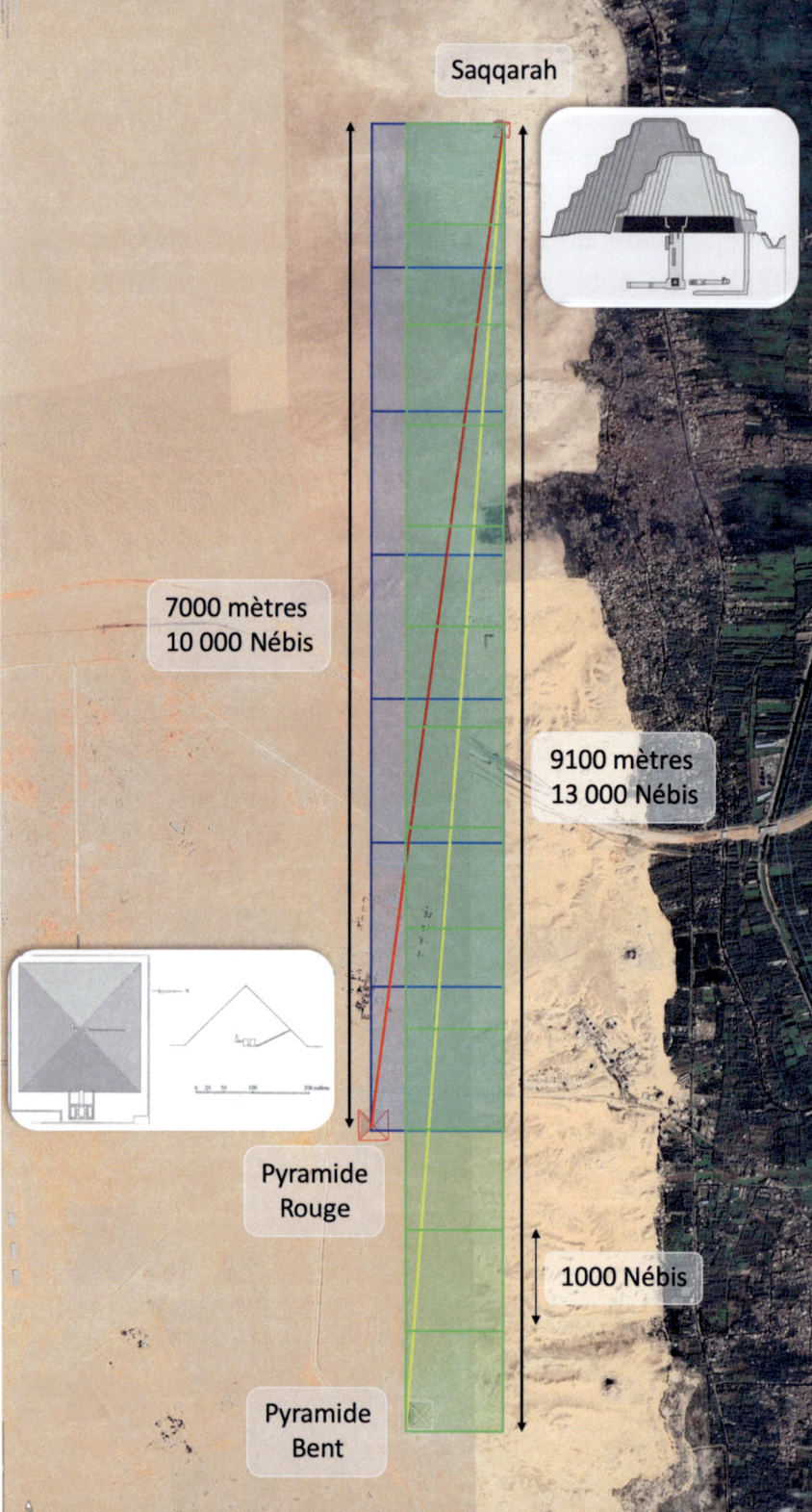

PRÉAMBULE

Voici maintenant 8 ans que je travaille sur la science des anciennes civilisations, et notamment sur la métrologie. Comment en suis-je arrivé là ? Ce n'est pas un mystère. Depuis mon enfance, j'aime mesurer, évaluer les choses. J'ai commencé par compter les kilomètres que je parcourais sur mon vélo avec l'un des tout premiers compteurs numériques des années 80. Je mesurais la longueur de mon lotissement, 730 mètres. Je me souviens encore que je comptais les secondes qui s'écoulaient sur l'autoroute entre chaque km que parcourait la voiture. Car oui, en mesurant les choses, je pouvais vérifier des estimations intuitives ou sensorielles de distance entre deux points. La mesure venait confirmer mes estimations et m'aidait à affiner ma capacité à estimer une distance.

Plus tard, je mesurais ma fréquence cardiaque en courant, puis ma puissance en pédalant et ma propre dépense énergétique. J'en ai fait mon métier. Je suis devenu un spécialiste en évaluation des performances métriques et physiques dans le cyclisme et les sports d'endurance en générale. J'évaluais la puissance des cyclistes et je pouvais en déduire la vitesse qu'ils pouvaient atteindre dans un col ou sur une piste afin de battre le record de France de l'heure en 2015.

Voici comment tout a commencé. Ce n'est qu'en tournant la page de mon métier d'entraîneur, après ma plus belle expérience professionnelle dans le domaine du sport, que je me suis lancé dans l'étude des connaissances scientifiques des anciennes civilisations et notamment dans celle des unités de mesure que ces peuples employaient.

Qu'est ce qui fait que je me sois passionné pour les unités de mesures anciennes ? La réponse est simple : les unités de mesure qu'utilisaient nos lointains ancêtres n'étaient pas censées exister. Ni le mètre, ni le yard mégalithique n'avaient leur place dans l'histoire « officielle » de la haute Antiquité. Et pourtant, ces unités de mesure, dont tout indique qu'elles sont calibrées sur des paramètres géodésiques et astronomiques, existent. Depuis la nuit des temps, il semble que des gens ont pris soin de conserver des unités de mesure, tel des secrets permettant de retrouver la trace d'une ancienne connaissance, d'ordre scientifique et spirituel. Ce n'est certainement pas pour rien que les Égyptiens avaient le dieu Thot comme gardien de la coudée royale, et que le symbole de la déesse Maât s'écrit avec une coudée.

Il m'est apparu évident qu'il y avait quelque chose de primordial à découvrir, qu'une des clefs pour comprendre qui nous sommes et d'où nous venons se trouve dissimulée dans la « mesure ».

Cette recherche, qui n'est pas terminée, m'a amené à comprendre que certaines civilisations anciennes avaient eu la connaissance exacte de la taille de la Terre, de la constante gravitationnelle, de la taille du Soleil, des distances Terre Lune Soleil, mais encore de la vitesse de la lumière et de la constante de Planck… Mais je parlerai de cela une autre fois. Pour le moment, on continue d'enseigner dans nos écoles, dans nos livres, dans nos documentaires grand public, que le mètre est une unité de mesure inventée de manière arbitraire en 1799 par les savants Français de l'académie des sciences. Vous allez le comprendre, cette histoire comporte des lacunes. Et il se pourrait bien que l'unité de mesure métrique ait déjà été employée « en secret probablement » au temps des Égyptiens, mais bien avant également.

SOMMAIRE

CHAPITRE 1 : LA COUDÉE NÉBI DE LICHT   PAGE 17

DÉCOUVERTE DE L'OBJET   PAGE 18
DESCRIPTION DE L'OBJET   PAGE 19

CHAPITRE 2 :
LE MYSTÈRE DE LA COUDÉE DE LICHT
UN ÉTALON MÉTRIQUE DE 4000 ANS   PAGE 25

LE NÉBI EST-IL LA PREUVE DE L'EMPLOI DU MÈTRE ?   PAGE 26

CHAPITRE 3 :
LE CANON DE PROPORTION
INDICE DE L'USAGE DU NÉBI DE LICHT   PAGE 33

LES GRILLES DES CANONS DE PROPORTION   PAGE 34

CHAPITRE 4 :
DISCUSSION AUTOUR DE LA COUDÉE   PAGE 43

CHAPITRE 5 :
LE CHANGEMENT DE PARADIGME   PAGE 57

UNE RÉVISION DE L'ORIGINE DES MESURES   PAGE 58

RÉFLEXIONS À PROPOS DE CES FAITS TROUBLANTS   PAGE 62

ANNEXES   PAGE 69

CHAPITRE PREMIER

LA COUDÉE NÉBI DE LISHT

LA DÉCOUVERTE DE L'OBJET.

La coudée Nébi[1] de Licht fut découverte en 1915, lors de fouilles auprès des petites pyramides de Licht du coté de Meidoum. Elle est référencée « MMA, 15.3.1128 »[2]. Elle se trouve actuellement au musée Metropolitain de New York. Sa datation est estimée entre -1640 et -1980.

Figure 1 : Photo du Nébi (Coudée de

---

[1] Nébi, signifie piquet et viendrait du mot nébiyet, qui veut dire roseau.

[2] Hayes, William C. 1953. Scepter of Egypt I: A Background for the Study of the Egyptian Antiquities in The Metropolitan Museum of Art: From the Earliest Times to the End of the Middle Kingdom. Cambridge, Mass.: The Metropolitan Museum of Art, p. 297.

DESCRIPTION DE L'OBJET

Ci-dessous, une photo mise à disposition par le musée[3].

Ci-dessous, les dimensions telles qu'elles sont publiées et commentées par Claire Simon : 70,1 cm.

La longueur donnée pour cette règle est de **70 cm ± 0,1 cm**[4].

FIG. 2 Règle A, trouvée à Licht; MMA 15.3.1128. L = 70,1 cm (échelle 1/4).

A New York, MMA 15.3.1128 (fig. 1, 2)
Datation: Moyen Empire à Troisième Période Intermédiaire.
Forme: Section circulaire (diamètre = 2,1 cm).
Longueur: 70,1 à 70,6 cm.[67]

---

[67] La double série est due au fait que les incisions ne sont pas parallèles à l'axe de l'objet. Si l'on additionne les chiffres donnés pour les divisions, on obtient en réalité 69,6/70,2 cm.

---

[3] https://www.metmuseum.org/art/collection/search/557017

[4] W. C. Hayes, The Scepter of Egypt, I (New York, 1953), 297

Elle est divisée en 7 parties régulières, et la 4ème partie est divisée en 2, marquant ainsi la moitié de la règle.

La division en 7 parties est intéressante, car elle est identique à la division en 7 de la coudée royale égyptienne de 52,36 cm. Nous reviendrons sur l'importance du nombre 7 pour les Égyptiens.

Ce qui est particulier, c'est que cette longue coudée de 70 cm est, de fait, une règle métrique puisqu'elle est divisée en 7 parties régulières de 10 cm ± 0,5.
Les divisions sont régulières, mais ne sont pas parfaites, tout comme sur les coudées royales retrouvées à ce jour. On y observe que les longueurs des 7 palmes et des 28 doigts qui compose la coudée royale varient de manière parfois importante[5].

---

[5] Jusqu'à 5 %. Une telle variation est étonnante, notamment sur les coudées royales. Alors que les longueurs des coudées royales connues à ce jour varient de 0,25 %, les intervalles qui divisent ces coudées varient jusqu'à 5 %. Ce niveau d'erreur fera l'objet d'une étude plus approfondie, car il est peu probable que le concepteur se soit trompé de 5 % par manque de précision. Pour nous, ce type de variation peut avoir une explication mathématique et nous tenterons de proposer une hypothèse dans un futur article.

Analyse des mesures.

Une analyse métrologique permet de confirmer la longueur de cette coudée. Si certains auteurs qui l'ont étudiée lui attribuent une longueur brute de 70,1 à 70,6 cm et une somme des intervalles de 69,6 à 70,2 cm, c'est parce que les incisions de cette dernière ne sont pas parfaitement parallèles. Ces incertitudes s'expliquent aussi car la coudée nébi est légèrement courbée du fait de sa conservation délicate, ainsi qu'en raison de sa forme légèrement biseautée aux extrémités.

On comprend en étudiant l'objet, qu'il s'agit d'une copie réalisée par un artisan et non d'un étalon authentique, ce qui explique sa réalisation sur une baguette de bois, avec des incisions qui ne sont pas parfaitement exécutées. On devine bien que couper la tige à la bonne longueur est plus simple que de marquer avec précision les intervalles qui divisent la coudée.

Pour estimer la mesure d'origine, il y a plusieurs méthodes. La plus simple, que tout le monde connaît, consiste à faire la moyenne des intervalles de la règle graduée. Ce résultat donne 69,9 cm ± 0,3[6]. Cela revient à diviser la longueur totale par le nombre d'intervalles, soit 70 cm divisés par 7.

---

[6] Série 1 : 10,3 + 10,1 + 9,7 + 9,4 + 9,6 + 10,4 + 10,1 = 69,6
Série 2 : 10,4 + 10,2 + 9,8 + 9,5 + 9,6 + 10, 5 + 10,2 = 70,2
Moyenne 69,9 ± 0,3 cm

La seconde méthode, consiste à supprimer de la série de mesures les intervalles qui s'écartent le plus de la moyenne, car ces derniers peuvent être des erreurs qui faussent la moyenne de l'ensemble des valeurs.
En utilisant cette méthode d'extraction des erreurs, la mesure estimée de cette coudée est de 70,08 ± 0,15 cm. Comme elle est divisée en 7, chaque intervalle mesure en théorie 10,01 cm ± 0,02.

Ci-dessous, un schéma (figure 2) permettant de comparer une règle métrique idéale avec la règle de Lisht que nous étudions. Visuellement, il semble évident que cette coudée est une coudée métrique.

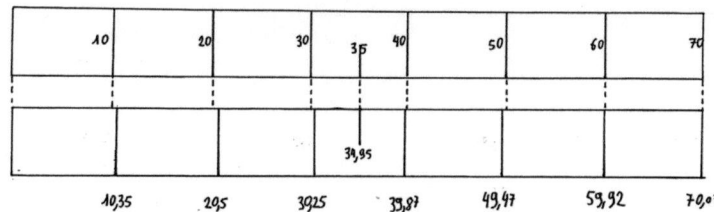

Comparaison entre une règle métrique moderne et le Nébi de 70 cm.

La longueur totale et la division centrale coïncident avec les valeurs métriques avec une précision remarquable.

Les dimensions sont obtenues à partir des relevés produits par plusieurs auteurs : F Pétrie, C Simon, Hayes, Metropolitain Museum New York.

figure 2

Ce type d'unité est-il documenté ?

Plusieurs auteurs ont étudié des règles graduées différentes de la coudée royale Égyptienne, et ces derniers suggèrent bien qu'une autre unité de mesure a existé.

L'égyptologue Claire Simon a étudié cet objet ainsi que d'autres objets gradués. Les autres coudées qu'elle a étudiées sont, pour certaines, brisées. Elle en a conclu qu'il a existé en Égypte, une autre mesure que la coudée royale. A partir des 7 règles qu'elle a étudiées, elle estime cette mesure à 70 cm divisés en 7 parties de 10 cm. Elle appelle cette mesure le Nébi ou Nbi. (Voir ci-dessous l'extrait de la conclusion de son étude)

> En résumé, le *nbi* est un bâton en bois, mesurant 70 cm de long et divisé en sept unités de 10 cm. Conçu pour que les dessinateurs puissent aisément carroyer les parois destinées à être décorées, il est devenu un instrument et une unité de mesure linéaire.

Bien entendu, les auteurs qui étudient ces coudées ne font pas le lien avec l'unité métrique, car de fait elle n'était pas censée exister à cette époque. Ces derniers préfèrent voir dans les 10 cm, une approximation de 1 palme plus 1/3 de palme[7]. Ce raisonnement nous

---

[7] Une palme issue de la coudée royale mesure 7,48 cm, et donc 4/3 de cette palme mesure 9,97 cm, soit presque 10 cm. Est ce la bonne explication ? Rien sur cette coudée ne permet de l'indiquer.
De plus, à ce jour, il n'existe aucune coudée royale divisé en 7 palmes et 3 pouces.

apparaît circulaire. Car ce faisant, le jour où l'on trouvera, par exemple, une coudée de 0,5 m, divisée en 5 décimètres… on nous dira qu'il s'agit d'une coudée de 6 palmes + 2/3[8], puis divisée en 1 palme + 1/3 et enfin divisée en 5/9 de doigts. Alors que les divisions ne l'indiquent pas.

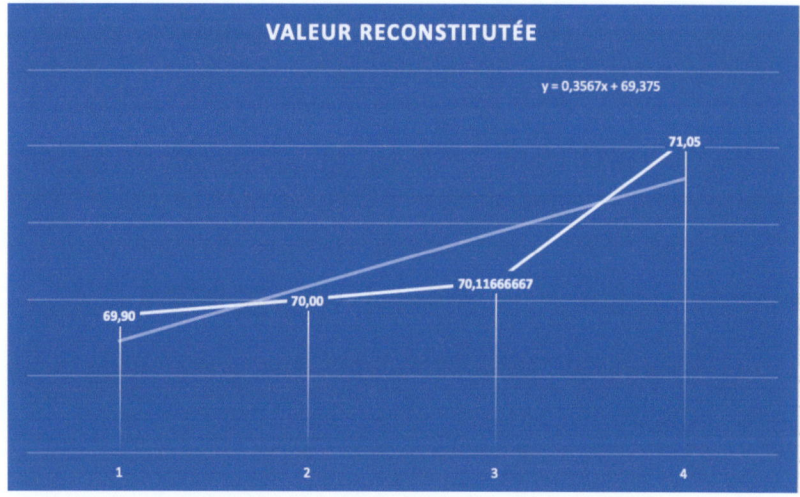

Valeur déterminée par la méthode d'extraction des erreurs :
Minimale : 69,375, Maximale : 70,8, Moyenne : 70,08

---

[8] Par exemple : 6 palmes x 7,48 cm + 2/3 de 7,48 = 49,86 cm, soit une approximation de 50 cm.

CHAPITRE SECOND

LE MYSTERE DE LA COUDÉE NÉBI DE LICHT

UN ÉTALON MÉTRIQUE AVEC 4000 ANS D'AVANCE

LE NÉBI DE LICHT, EST-IL UNE PREUVE DE L'EMPLOI DE LA MESURE MÉTRIQUE ?

La question qui se pose est évidente. La coudée royale Égyptienne est divisée en 7 parties, et la coudée de Lisht est aussi divisé en 7, mais dans le cas de cette coudée, tout indique que cette règle est un étalon basé sur la mesure métrique décimale moderne. Cet anachronisme historique pourrait passer pour une coïncidence. Mais compte tenu des relations mathématiques et géométriques qui relient le mètre et la coudée royale, cette coudée pourrait être un nouvel élément de preuve quant à l'existence d'une mesure identique au mètre moderne dans l'Antiquité Égyptienne.

L'unité de mesure métrique en Égypte ?

Rappelons rapidement, les éléments géométriques, métrologiques et numériques qui relient le mètre et la coudée royale Égyptienne. Cette dernière mesure 52,36 centimètres.

La figure 3 permet de relier le cercle, et donc le nombre Pi (π), le mètre, la coudée royale et le nombre d'or au carré.

> *Un cercle de diamètre 1 mètre, aura un périmètre qui mesure 6 coudées royales. Si l'on retire une coudée à ce cercle, alors, il reste le nombre d'or*

au carré en mètre, c'est-à-dire que 5/6 du cercle mesure 2,618 m.

Nous avons calculé que cette relation a peu de chance d'être due au hasard, et que tout au plus il y a une chance sur 2000 pour qu'une telle coïncidence se produise.⁹

On observe aussi, sur la figure 3, qu'un double carré de dimensions 1 mètre par 2 mètres permet de retrouver, avec sa diagonale qui mesure 2,236 mètres, la valeur exacte de 10 coudées royales.

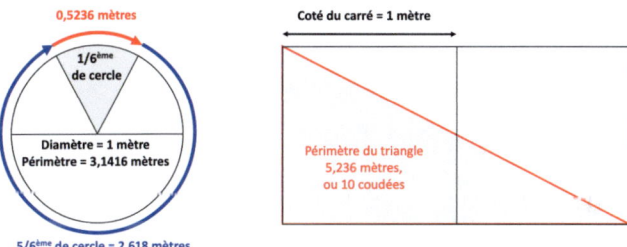

Figure 3

Ces faits étonnants sont appuyés aussi par les dimensions de la chambre haute de la grande pyramide, dont le périmètre mesure 10 fois π en mètre (31,41 m) et

---

⁹ Epreuve de probabilité de la relation entre le mètre et la coudée royale Egyptienne. https://www.academia.edu/41338204/ Epreuve_de_probabilité_de_la_relation_entre_le_mètre_et_la_coudée_royale_Egyptienne

dont le périmètre moins le petit côté mesure 10 fois le nombre d'or au carré en mètre (26,18 m). (voir figure 4)

PLAN AU SOL DE LA CHAMBRE HAUTE DE LA PYRAMIDE DE KHEOPS

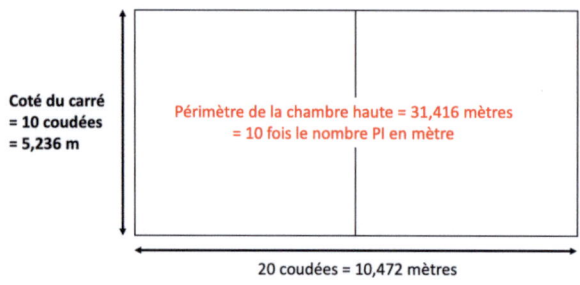

Figure 4

En effet, la chambre haute mesure 10 coudées par 20 coudées royales, ce qui donne à cette chambre des propriétés géométriques et mathématiques originales. Il est difficile de prendre toutes ces relations pour des coïncidences. Elles furent pourtant découvertes en 1952 par le docteur Funck Hellet.

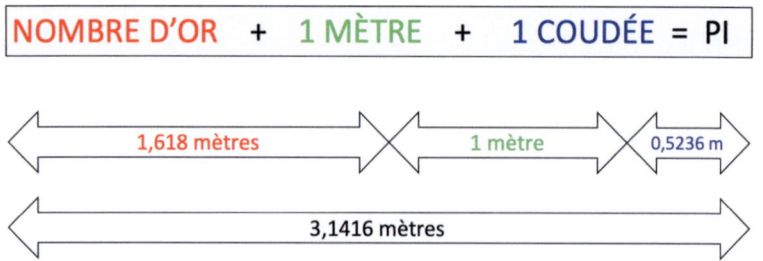

Figure 5 : la somme de 1 m plus une coudée (0,5236 m) plus le nombre d'or en mètre (1,618 m), est égale au nombre π en mètre (3,1416 mètres)

Enfin, il existe une autre curiosité tout à fait étonnante qui relie, le mètre, la coudée royale, le nombre d'or et le nombre PI. (La figure 5 illustre ce propos.)

Ces faits étonnants pourraient être appuyés par de nombreuses autres preuves relatives aux connaissances géodésiques des anciens Égyptiens. En effet, pour connaître la mesure du mètre, il faut nécessairement connaître la taille de la Terre et l'avoir divisée en 4 parties puisque le mètre est une division par 40 millions de la circonférence de la terre. Je renvoie mes lecteurs aux nombreuses preuves qui illustrent cette connaissance très poussée de la géodésie qu'avaient nos ancêtres égyptiens, comme la relation astronomique et géodésique de la coudée royale avec la Terre[10]. Quant à la question de savoir comment ces anciennes civilisations purent mesurer la Terre et ses caractéristiques astronomiques, nous pouvons répondre que nous avons des preuves qu'Ils avaient les moyens de le faire, mais sans connaître leurs outils. Les Egyptiens, par exemple, maîtrisaient l'arpentage sur de très longues distances avec une précision exceptionnelle. L'exemple le plus passionnant que je puisse donner est le lien géométrique qui relie l'obélisque d'Héliopolis et la grande pyramide (figure 6).

---

[10] Le secret de l'origine astronomique et géodésique de la coudée royale égyptienne. https://www.academia.edu/40036563/Le_secret_astronomique_et_géodésique_de_la_coudee_royale_egyptienne

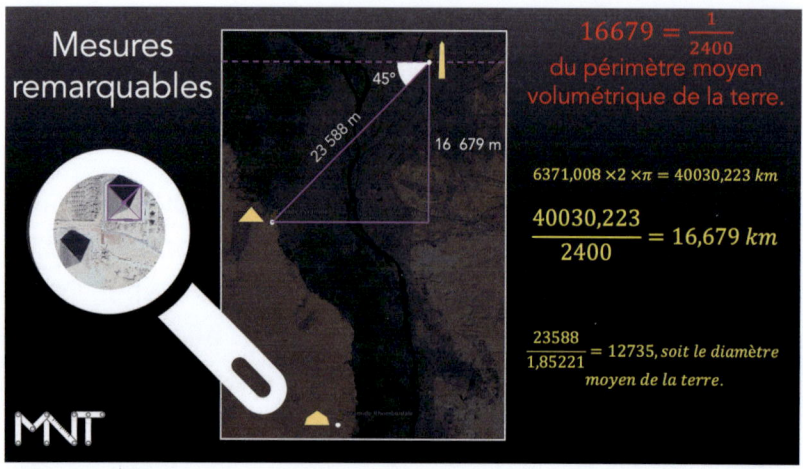

Figure 6 : Un angle de 45° sur une distance de 23588 m relie l'obélisque d'Héliopolis et la grande pyramide. Soit la diagonale d'un carré, dont le coté mesure très exactement 1/2400è de la circonférence de la terre.

Les questions qui se posent régulièrement sont relatives à la recherche de cet étalon de la mesure du mètre que les anciens Égyptiens auraient conservé. Les égyptologues et historiens académiques sont en difficulté devant les faits que nous énonçons et se demandent où se trouve l'étalon du mètre. Si l'on retrouve quelques règles graduées de la coudée royale en Égypte, il n'est pas fait mention de règles métriques. En effet, en partant du principe que le mètre est une mesure moderne, les historiens et archéologues ne recherchent pas ce genre de règles graduées, et lorsqu'ils en trouvent une, elle est souvent mal interprétée et seuls de très rares auteurs s'y intéressent. Il est aussi possible d'émettre l'hypothèse que pour les égyptiens la métrologie était une science très importante associée aux dieux, il n'est alors pas étonnant que leur étalon métrique original soit particulièrement bien caché et que l'on ne soit pas encore tombé dessus.

Outre l'existence de cette règle graduée de 70 cm divisée en 7 parties, il est possible de constater aussi l'existence d'un canon de proportion en base métrique décimale en Égypte. Ce dernier est renforcé par l'emploi de grilles de crayonnage sur les murs des tombes. C'est ce que nous allons étudier maintenant.

CHAPITRE TROISIÈME

LE CANON DE PROPORTION, UN INDICE DE L'USAGE DE LA COUDÉE NÉBI DE LICHT

LES GRILLES DES CANONS DE PROPORTIONS.

De nombreuses tombes égyptiennes ornées de fresques ou de gravures présentent des lignes et des grilles de crayonnages qui servaient aux scribes, par exemple, pour intégrer les personnages dans un système de proportion harmonieux et homogène.
L'extrait du livre de Mark Inversen (figure 7) illustre ce propos.
Cet auteur suggère que la hauteur d'un homme est de 18 carreaux jusqu'à la racine des cheveux. La hauteur

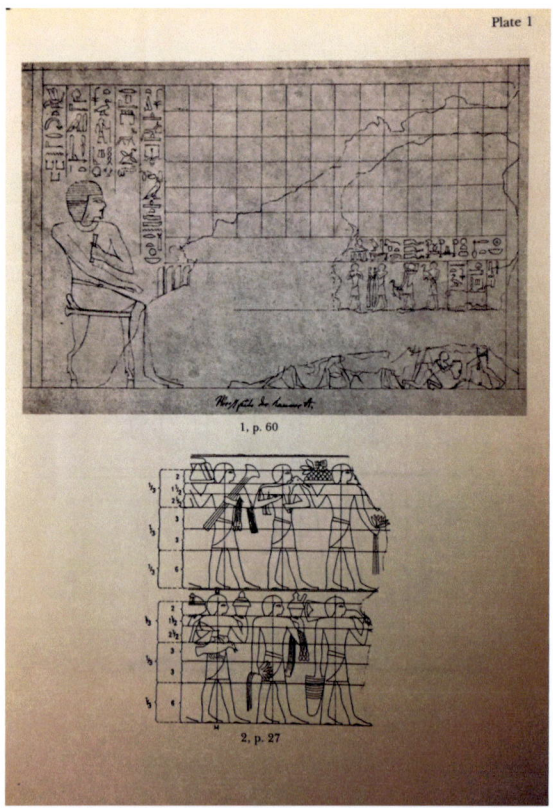

Figure 7

totale étant quant à elle de 19 carreaux. En partant de ces observations, il démontre que selon les époques, un pied vaut 3 ou 3,5 carreaux et une coudée 5, 6 ou 7 carreaux. Il en déduit qu'il existe en Égypte un rapport de 3 à 5 entre le pied et la coudée royale. (voir figure 7). Nous ne commenterons pas plus le travail d'Inversen.

John Legon a aussi montré que compte tenu d'études sur 60 momies[11], la taille moyenne des Égyptiens est de 1,66 m ± 0,01, et qu'il faut 3 coudées royales pour remplir ces 18 carreaux, soit 1,57 m[12]. Le rapport entre la

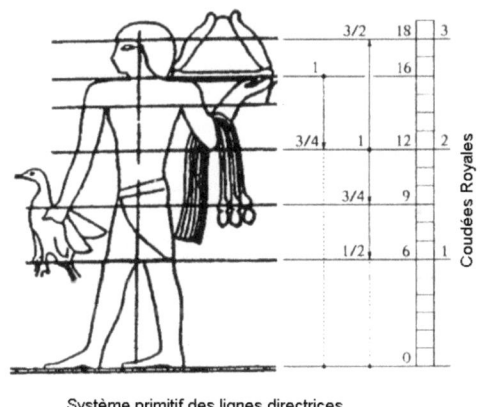

Système primitif des lignes directrices

Figure 8 : Canon de proportion d'après John Legon.

---

[11] G. Robins, op.cit. (n.28), 70.

[12] Curiosité : 3 x 52,36 = 157,08 ; 157,08 / 18x19 = 165,8 soit 2 x 82,9 cm, c'est à dire 2 yards mégalithique. En utilisant π = 22/7 pour définir la coudée de 1/6 de PI, alors la mesure du yard mégalithique vaut 82,935 cm.

hauteur d'un homme jusqu'à la racine des cheveux avec la taille totale est un rapport de 18 à 19[13] (Figure 8).

Là encore, nous ne commenterons pas plus le travail de John Legon et comme pour celui de Mark Inversen, nous nous contenterons de rappeler que l'usage de grilles dans l'art Égyptien est une évidence.

L'égyptologue Théophile Obenga, dans son ouvrage « La géométrie Égyptienne », donne plusieurs exemples de ces méthodes de quadrillage visibles sur des tombes Égyptiennes, et fait remonter l'origine de cette méthode en -3200 en Égypte. Il explique que la méthode des grilles permet de reproduire des esquisses à grande échelle. Il confirme le travail de John Legon quant à l'existence de grilles de 18 carreaux + 1 carreau pour la hauteur d'un homme. Cette grille passera à 22 carreaux lors des millénaires suivants. Obenga qualifie ce système de grille comme étant le canon de proportion Égyptiens.

> *Le quadrillage égyptien était une projection géométrique du canon des proportions dans la théorie de l'art en Égypte. En effet, bien avant toutes les écoles d'art de l'ancien monde méditerranéen, l'Égypte africaine avait conçu et démontré la beauté artistique comme étant le*

---

[13] John Legon, Discussions in Egyptology 30 (1994), 87-100. http://www.john-legon.co.uk/roikrev.htm

résultat de l'harmonieuse proportion des parties d'un tout. (T Obenga - p 67)

L'illustration de la figure 9 est extraite de l'ouvrage de Théophile Obenga (page 69). Avec 18 carreaux jusqu'à la racine des cheveux et le 19è carreau jusqu'au sommet de la tête, tel que suggéré aussi par John Legon.

Ce qui nous intéresse, c'est de connaître les dimensions de ces grilles. D'après John Legon et Mark Inversen, entre autres, le canon de proportions de l'art Égyptien repose sur une hauteur de 3 coudées humaines plus 1/6ème de coudée, soit 19 carreaux pour la hauteur d'un humain. Mais sur le terrain, on constate que la mise à l'échelle de ce principe débouche sur d'autres unités de mesure modulaires de la grille.
Ont-elles été mesurées par des égyptologues ? La réponse est oui et c'est ce que nous allons voir.

La palette du scribe, l'outil de mesure oublié.
En 2013, une thèse publiée par Antoine Pierre Hirsch tente de faire le point sur les mesures linéaires de l'Égypte. Ce dernier fait mention de l'existence de plusieurs mesures linéaires que l'on peut observer sur la coudée d'Aménémope et des palettes du scribe. Il en déduit que des unités de mesures linéaires de 30, 40 et

50 cm, et l'emploi d'un système de division décimale est possible.[14]

Il appuie ses conclusions sur plusieurs auteurs, tels que Zivie, qui confirme qu'il a existé en Égypte un autre système de mesures linéaires[15].

Il cite d'autres auteurs, comme Victor (1991)[16] qui a constaté l'emploi de mesures qui confortent l'emploi de ce Nébi de 70 cm en base décimale. Victor nous dit notamment :

> « À partir d'un examen récent et détaillé des caractéristiques architecturales de plus de 150 tombes taillées dans huit sites différents de l'Ancien et du Nouvel Empire, j'ai trouvé une répétition remarquable de certaines mesures représentant des multiples de 2,5 cm, soit 5 cm, 7,5 cm , 10 cm, 12,5 cm, 15 cm, 17,5 cm et des multiples de 17,5 cm, c'est-à-dire 35 cm, 52,5 cm, 70 cm. <u>On a également observé un multiple cohérent de 70 cm, soit 140 cm, 210 cm, 280 cm, 350 cm</u>, etc. L'utilisation régulière de ces multiples se retrouve dans les principales caractéristiques

---

[14] Antoine Pierre Hirsch, Ancient Egyptian Cubits – Origin and Evolution, Doctor of Philosophy, Université de Torronto, 2013

[15] Zivie, A. P. (1977a). L'ibis, Thot et la coudée. *BSFE 79*, 22–41

[16] Victor, N. (1991). The Rod (Nebi) and its use in Egyptian Architecture. *GM 121*, pp 101–10

architecturales des tombes, c'est-à-dire les mesures de longueur, largeur, profondeur et hauteur, ainsi que dans tous les détails architecturaux tels que niches, fausses portes, façades, projections de linteaux, hauteurs de marche, piliers, puits, etc. »

Enfin, citons Claire Simon qui rappelle que E. Mackay[17] avait constaté que les grilles de crayonnage présentent

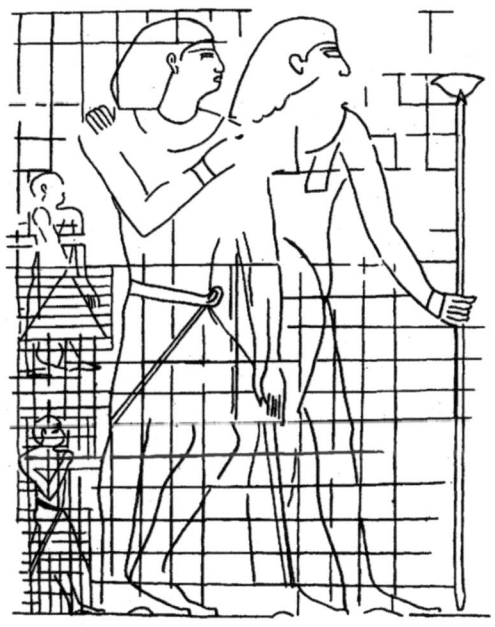

Figure 39 : Meir (Blackman, *The Rock Tombs of Meir*, II, pl. II).

Figure 9 : Exemple donné par Théophile Obenga, page 69 du Livre, La géométrie

---

[17] E. Mackay, Proportions Square on Tombs Walls in the Théban Necropolis JEA 4 (1917),74-85

sur les tombes étaient espacées de 10 cm, 7,5 cm, 5 cm, 6,66 cm, 3,33 cm, 2,5 cm.

Le Ghurob Shrine Papyrus.

Les carreaux qui subsistent mesurent en grande majorité 10 cm de long ou des fractions de 10 cm (environ 5 cm au 1/2, 7,5 cm au 3/4, 2,5 cm au 1/4, 3,33 cm au 1/3, 6,66 cm au 2/3, 1,7 cm au 1/6)[16] et non 9 cm ou des fractions de 9 cm. Il est vrai que,

Pour aller encore plus loin, nous disposons d'un élément de preuve matérielle que tout le monde peut vérifier sans se rendre en Égypte.

Il s'agit du plan d'un temple sur un papyrus. Ce dernier est consultable en ligne sur internet. La datation de ce dernier est estimée entre -1500 et -1300 ans (18è dynastie)[18]. Ce papyrus présente une grille de 14 carreaux (annexe 1). Il fut découvert par W. F. Pétrie et est conservé au musée de Londres.

Une étude de ce papyrus par l'Égyptologue japonais Yoshifumi YASUOKA montre que la grille est composée de 14 carreaux de large par 22 de hauteur[19]. Outre l'emploi d'une grille de 22 par 14 qui correspond au profil de la grande pyramide de Khéops. Cet auteur constate 4 rangées de points espacées de 50 cm

---

[18] Margaret Bunson Encyclopedia of Ancient Egypt, p 145.

[19] Yoshifumi YASUOKA, A Reassessment of the "Ghurob Shrine Papyrus", Institute of Egyptology, University of Heidelberg, 2016 Volume 58, Issue 2, Pages 156-169

permettant de reconstituer la grille. Mais le fait le plus intéressant, qu'il ne signale pas est que chaque carreau mesure 3,33 cm ± 0,02. Trois carreaux mesurent donc 10 cm ± 0,06 (voir plan à l'échelle en annexe 1).
Là encore, nous observons des éléments de mesure qui attestent l'emploi d'une mesure décimétrique identique à celle présente sur la coudée de Licht.

De nombreux auteurs ont donc constaté l'emploi de grilles pour caler les dessins et gravures égyptiennes dans ce que nous appelons un canon de proportions Égyptien.

Ces grilles sont, selon certains auteurs, des multiples de 10 cm ou 70 cm.
La coudée de Lisht mesure 70 cm et est divisée en 7 parties de 10 cm.
Nous avons une preuve factuelle matérielle qu'il existe une mesure de 70 cm divisée en 7 fois 10 cm. De plus, nous avons des preuves matérielles que cette mesure a été employée dans les tombes par les scribes dans les canons de proportions.

CHAPITRE QUATRIEME

DISCUSSION AUTOUR DE LA COUDÉE NÉBI DE LICHT

POURQUOI UNE RÈGLE DE 7 FOIS 10 CM ?

La division en 7 paumes de la coudée royale et de cette coudée Nébi de Licht est intéressante, car le nombre 7 est très récurrent dans les textes anciens, la mythologie, les contes, mais aussi la musique et la nature. Donnons ici quelques exemples.

- 7 couleurs de l'arc en ciel.
- 7 notes de musique depuis l'Antiquité.
- 7 arts libéraux enseignés dans l'Antiquité : (grammaire, rhétorique, la logique, l'arithmétique, l'astronomie, la géométrie et la musique).
- 7 merveilles du monde Antique.
- 7 voyelles de l'alphabet grec.
- 7 plaies d'Égypte.
- 7 astres visibles depuis la terre à l'oeil nu (Soleil, Lune, Mercure, Vénus, Mars, Jupiter, Saturne).
- 7 jours de la semaine inspiré des 7 astres du monde antique.
- 7 étoiles de la grande ourse et de la petite ours, ainsi que 7 étoiles des Pléiades).
- 7 étoiles d'Orion (4 étoiles cadre + 3 étoiles centrales du baudrier).
- 7 collines de Rome.
- 7 nains dans le conte de Blanche-Neige.
- 7 jours de la création.
- 7 péchés capitaux.

- 7 familles, le jeu des 7 familles.
- etc….

Cette liste n'est pas complète, mais elle suffit à prendre conscience de l'omniprésence du nombre 7 dès la très Haute Antiquité. Car ce qui est important de prendre conscience, c'est que pour les anciens les nombres étaient aussi porteurs de qualités et de propriétés. Ils n'étaient pas que des outils permettant de compter. On peut en prendre la mesure en constatant par exemple que les noms des dieux sont inscrits sur la coudée royale égyptienne.

En Égypte, le nombre 7 est aussi présent sous forme de multiples. Ainsi, Osiris dans la mythologie, fut découpé en 14 morceaux (2 x 7). « *Citons aussi, les 14 Kas composés des 7 kas et les 7 hemsout qui forment l'ensemble des quatorze Kas royaux. Ces derniers constituent la personnalité complexe du Ka royal, accompagnant sur Terre l'enfant issu du dieu. Les théologiens de l'époque Ramesside dressent l'inventaire des bienfaits dispensés par Rê sous la forme de 14 kaou : nourriture, vénérabilité, production d'aliments, verdure, force victorieuse, éclat, ordre (ouas), abondance alimentaire, fidélité, pouvoir magique, étincellement, vigueur, luminosité, habileté.*[20] »

---

[20] Les dieux de l'Egypte - Claude Traunecker, page 39

Le nombre 42 (6 x 7) est aussi celui des 42 principes du Maât, celui des 42 provinces d'Égypte et enfin celui des 42 juges qui permettent au défunt de rejoindre les étoiles dans le livre des morts.

En astronomie, les égyptiens vénéraient en particulier l'étoile Sirius qui disparaît pendant 70 jours (7 x 10) du ciel d'Égypte. Le passage de la lune invisible à la pleine lune est représenté par les Égyptiens par 14 divinités, 7 masculines et 7 féminines (2 x 7) représentant les 14 jours entre la lune invisible et la pleine lune.

En architecture, le nombre 7 est omniprésent. Les proportions de la grande pyramide de Khéops, sont de 11 pour la base et 7 pour la hauteur, alors que la pente de celle-ci suit un rapport de 11 à 14 (2 x 7).

Avant de traiter des propriétés mathématiques du chiffre 7, citons l'Égyptologue Jean-Claude Goyon qui dans son article à propos des nombres sacrés en Égypte, parle du nombre 7 en ces termes [21] :

> *« Au premier de ces nombres consacrés, 7 est le plus connu de tous...*
> *Dans la vieille terre d'Égypte, sept et ses multiples ont connu, au fil des textes religieux ou*

---

[21] GOYON Jean-Claude, Égyptologue, université lumière Lyon 2, Les nombres consacrés, de l'origine antique et égyptienne de quelques expressions familières; page 8 et 9.

magiques - ce qui revient au même - une intense utilisation. Bien avant le Moyen Empire, les scribes sacrés s'étaient rendus spécialistes de la spéculation numérique puisque c'était un moyen philosophique en même temps qu'économique d'exprimer le divin et ses manifestations (en raison du peu de signes que la numération exigeait par rapport à l'écriture pleine en hiéroglyphes ou en hiératique). Pour eux, le nombre sept contenait le principe divin, la création émanait de lui et formait l'expression concrète de l'universalité cosmique. Du même coup, sept était synonyme de "vie" ce que tout lettré pouvait démontrer très rapidement en mettant en œuvre un procédé d'écriture simple et polyvalent. »

Enfin, les propriétés mathématiques du chiffre 7 sont curieuses. Lorsque vous divisez par 7 n'importe quel nombre entier qui n'est pas un multiple entier de 7, vous allez voir la même suite de 6 chiffres se répéter à l'infini.

Exemple :
- 100 divisé par 7 = 14,2857 142857 142857...
- 50 divisé par 7 = 7,142857 142857 142857...
- 360 divisé par 7 = 51,42857 142857 142857...
- 17 divisé par 7 = 2,42857 142857 142857

Outre cette suite de 6 chiffres, le nombre 7 est intéressant en géométrie, car il permet une bonne approximation de certains nombres irrationnels tels que π et $\sqrt{2}$. Le premier est lié au cercle et le second au carré, puisque la diagonale d'un carré vaut $\sqrt{2}$ fois le côté.

22/7 = 3,142857... ce qui est une bonne approximation de π (3,141592).

99/70 = 1,4142857... qui est aussi une très bonne approximation du nombre $\sqrt{2}$. Parfois, le rapport 10/7 est utilisé pour simplifier le rapport de longueur entre le côté d'un carré et sa diagonale.

La figure 10 illustre comment le nombre 7 permet de relier le cercle et le carré avec des nombres entiers, en l'occurrence 99 et 22. Le rapport entre le périmètre du cercle et celui du carré est un rapport de 11 à 14, soit le même rapport que celui de la grande pyramide de Khéops (220/280 = 11/14) : 11 pour la demi-base et 14 pour la hauteur.
Ce qui veut dire que si l'on déroule le cercle de la figure 10 à plat, et que l'on déplie le carré en hauteur on va obtenir la profil de la pente de la grande pyramide de Khéops.

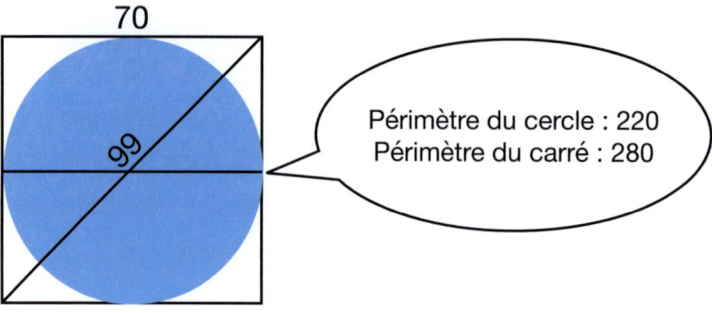

Figure 10

Comme vous pouvez le constater, le chiffre 7 est certainement un des plus importants dans la pensée antique. Les nombres, la géométrie, l'astronomie et la musique étaient pour les Pythagoriciens un moyen d'expliquer le monde et au coeur de ces nombres, le « sept » apparaît comme une clef.

Les nombres dans les textes anciens sont comme des lettres, nous pouvons illustrer cela dans le nouveau Testament, écrit en grec, et dans lequel il n'y a pas de caractère spécifique pour les nombres, mais des lettres à la place : Alpha = 1, Bêta = 2,... Thêta = 9.

Que penser des autres règles de dimensions assez proches ?

Au moins 8 règles[22],[23] Égyptiennes de 65 à 70 cm sont référencées et connues.

Plusieurs auteurs suggèrent que la grande coudée de Licht correspond à une mesure comprise entre 66 et 70 cm. Toutefois, l'examen de ces autres règles, et l'écart important de mesure entre elles, ne peuvent pas les faire appartenir au même système de mesure. Il semble peu envisageable de vouloir assimiler des règles de 65 cm avec des règles de 70 cm. Il s'agit clairement de deux systèmes de mesure différents. Pour appuyer ce propos, nous avons démontré qu'en Égypte plusieurs mesures anciennes furent employées dont le yard mégalithique[24]. Or, 2 de ces 8 règles mesurent 66,4 cm, et sont divisées en 7 parties[25] ou en 8 parties[26]. Ce qui veut dire que ces deux règles de 66,4 cm mesurent 4/5 du yard mégalithique et la division en 8 vaut 1/10 ème du yard mégalithique.

---

[22] A. P. Hirsch, page 149.

[23] Claire Simon, JEA 79, page 172.

[24] La grande pyramide mesure 277,77 yards mégalithique à sa base et la diagonale d'un carré de hauteur 146,6 m vaut exactement 100 toises mégalithiques, soit 207,36 m (voir schéma annexe 2).

[25] Kom el Gizeh Nile Scale II, 66,5 cm division inconnue.

[26] Deshasheh Rod, 66,42 cm division en 8 parties.

66,4 / 8 = 8,3 cm = 1/10ème de yard mégalithique[27].

Deux autres règles de 65,2 et 65,6 cm peuvent être tout simplement reliées à la coudée royale Égyptienne, puisqu'elles mesurent 5/4 de celle-ci.

Enfin, les deux autres coudées de 67,13[28] et 68,1 cm sont plus difficiles à interpréter en apparence[29], mais ne peuvent pas non plus être reliées à la coudée de Lisht de 70 cm qui nous intéresse dans cette étude.

La coudée de Kahum de 67,13 cm est particulièrement intéressante car, parmi les 7 graduations, nous avons trois intervalles qui mesurent 12,36 cm, 20 cm et 32,36 cm. Or, Le rapport entre ces trois nombres est le nombre d'or, 1,618 :

    12,36 x 1,618 = 20
    20 x 1,618 = 32,36

---

[27] Le yard mégalithique mesure 82,94 cm.

[28] Coudée de Kahum, découverte par W F Pétrie. Londres, Référence DC 16747, Mesure de Pétrie. 8,66/11,35/9,27/8,96/7,79/10,36/10,74 cm (marque centrale 12,74 inch = 32,36 cm)

[29] Même si l'on peut constater une relation géométrique entre le pied anglais de 30,48 cm et la règle de 68,1 cm. En effet, la diagonale d'un double carré de côté base de 1 pied de 30,48 cm aura une diagonale de 68,13 cm. Le développement de cette diagonale sur un double carré, donnera une autre diagonale de 1,5236 m, soit 1 mètre plus une coudée royale.

Et le rapport entre 32,36 et la coudée royale de 52,36 cm est à nouveau le nombre d'or :

32,36 x **1,618** = **52,36.**

Cette coudée de Kahum, qui mesure 67,13 cm, fera l'objet d'une conférence et d'un autre livre tant elle est riche d'enseignement.

Finalement.

Peu de choses ont été écrites à propos de cette longue coudée que les égyptologues appellent « Nébi ». Claire Simon est la seule Egyptologue à s'être prononcée sur la longueur de cette règle, en expliquant qu'elle est constituée de 7 parties de 10 cm, mais sans jamais faire le pont avec la mesure métrique décimale. Nous pouvons déjà deviner les arguments des sceptiques qui doutent encore de la présence de l'unité métrique en Égypte. Ces derniers expliqueront que les 10 cm sont une approximation de 1 palme + 1/3… ce qui n'est pas faux, mais aucune graduation ne l'indique, il s'agit donc de spéculations. Ou bien ils s'appuieront sur la variation de 5 % de la longueur des intervalles pour contester la relation entre cette coudée et le mètre, niant au passage que la longueur totale et la division moyenne indiquent clairement 7 x 10 cm.

Cette règle n'est pas à intégrer seule dans la réflexion, car comme Claire Simon le rappelle, ce type de règle servait à définir les quadrillages dans les tombes afin que les artistes puissent reproduire leurs esquisses sur les murs. Or, plusieurs égyptologues ont rapporté des grilles en mesures décimales, de 3,33 cm, 5 cm, 6,66 cm ou 10 cm. Nous pouvons même nous appuyer sur le papyrus quadrillé de Ghurob Shrine, dont le quadrillage se révèle être une grille de 22 par 14 carreaux de 3,33 cm, soit un périmètre de 240 cm.

Selon le principe du rasoir d'Ockham la solution la plus simple est souvent la meilleure. Cette règle vient compléter l'ensemble des éléments troublants quant à la nature des sciences Egyptiennes. Elle apporte une preuve matérielle quant à l'usage de l'unité de mesure métrique en Égypte Antique.

Même si Claire Simon rapporte des textes qui traitent du « Nébi », mais sans en donner la mesure, les textes Égyptiens sont peu bavards à propos de cette unité de mesure, et pour cause, tout indique qu'il a existé en Égypte, une catégorie de prêtres ne partageant pas leur connaissance au delà de certains cercles. Citons quelques auteurs célèbres à ce sujet.

> *En effet, la recherche moderne admet en général que l'Égypte pharaonique a connu des rites d'initiation pour les prêtres des divers rangs, ainsi que des rites secrets réservés aux prêtres des rangs les plus élevés.*

(Florence Quentin, Le livre des Egyptes, Le cultes des mystères ou l'expérience de la transformation, page 195)

L'architecture peut avoir une fonction symbolique forte et, <u>en théorie, il est possible de suggérer que dans leurs bâtiments, les anciens architectes égyptiens ont caché des relations mathématiques significatives, non immédiatement perceptibles et liées à une connaissance ésotérique...</u> L'ancien titre égyptien de « gardien des secrets » est certes suggestif, mais la nature et le contenu de ces « secrets » ne sont pas clair..... En tant que matérialisation du pouvoir religieux et royal, l'architecture a probablement été incluse, au moins dans une certaine mesure, parmi les sujets non publics.
(Corina Rossi, Architecture et mathématique dans l'Égypte ancienne.)

Nous aurions tort de tenter de percer les connaissances et la science des anciens Égyptiens en nous appuyant seulement sur les bribes de textes éparses. Les quatre papyrus mathématiques retrouvés à ce jour ne peuvent en aucun cas être significatifs des limites des connaissances des Égyptiens. L'égyptologue Jean Leclant abonde également dans ce sens.

> *Quant à la science des nombres, il suffit de contempler les pyramides de Gizeh, ou celle de Dahchour, pour être convaincu qu'elles sont définies par des rapports en quelque sorte nécessaires... <u>Devant les étonnantes réussites de l'Égypte Antique, il nous paraît difficile de faire l'économie de solides fondements mathématiques et astronomiques, mêmes s'ils ne sont pas explicitement attestés...</u> On ne peut guère s'étonner de l'emploi de la suite de Fibonacci, menant sur le chemin du nombre d'or.*
> *Jean Leclant, commentant le livre de J PH Lauer*
> *Leclant Jean. Fabuleuses pyramides d'Égypte. In: Journal des savants, 1976, n°3-4. pp. 284-291*

Un jour, peut-être découvrirons-nous une règle graduée en 10 x 10 cm et un texte décrivant cette règle secrète. Mais si cela n'est pas le cas à l'heure actuelle, nous devons intégrer les documents architecturaux disponibles, telle que la grande pyramide, qui révèlent sans l'ombre d'un doute que l'unité de mesure métrique y est cachée, ou encore le papyrus de Ghurob Shrine dont la grille révèle également une mesure métrique.

CHAPITRE DERNIER

LE CHANGEMENT DE PARADIGME

VERS UNE RÉVISION DE L'ORIGINE DES MESURES ANTIQUES.

Que dire de plus ? La coudée de Licht, aussi appelée Nébi, est pour moi une preuve matérielle supplémentaire que les Égyptiens employaient l'unité métrique. Mais ce n'est pas la plus importante des preuves. Nous pourrions nous en passer par ailleurs. Il n'est pas nécessaire de retrouver les étalons de mesure pour comprendre quelle mesure est employée. En étudiant l'architecture, on retrouve des nombres entiers ou irrationnels redondants. Newton avait d'ailleurs déduit la valeur de la coudée royale à partir des dimensions de la chambre haute de la grande pyramide, et cela bien avant que l'on retrouve un étalon 150 ans plus tard. Ce type d'exemple abonde en métrologie. Citons le professeur Thom qui découvrit le yard mégalithique, ou encore le professeur Saburo Fujiyama, qui a redécouvert une mesure modulaire employée sur le site de Téotihuacan au Mexique. J'ai eu l'opportunité de redécouvrir la coudée de Tiwanaku en étudiant les monuments avant même de la retrouver gravée sur un haut relief de la porte du soleil.
Les preuves que les anciens Égyptiens connaissaient la taille de la Terre et l'unité métrique abondent. Je ne cesse d'en rapporter régulièrement et le temps me manque pour les publier.

Il est important de comprendre que la mesure est une clef pour pénétrer la pensée de nos ancêtres, qui ont tenté de relier la mesure de la Terre à l'homme, mais aussi à l'ensemble de l'univers saisissable. En astronomie, saviez-vous par exemple que la distance entre la Terre et le Soleil est considérée comme valant arbitrairement 1 unité astronomique (UA), et que celle entre la Terre et la planète Mars vaut 0,5236 UA ± 0,0001… ? Vous avez peut-être reconnu la valeur de la coudée royale ! Comment diable cela est-il possible ? Les Égyptiens n'ont pas eu besoin de se rendre sur Mars, rassurez-vous ! On mesure les distances entre la Terre et les astres avec des méthodes d'observation permettant de mesurer le temps, les angles et les distances. En revanche, il faut de très solides bases mathématiques et un matériel de mesure très précis.

Ceci pourrait passer pour une coïncidence, mais j'en doute, car avec la planète Vénus, la distance est de 0,7233 UA… le carré de ce nombre est 0,5231… drôlement proche de la valeur de la coudée royale !

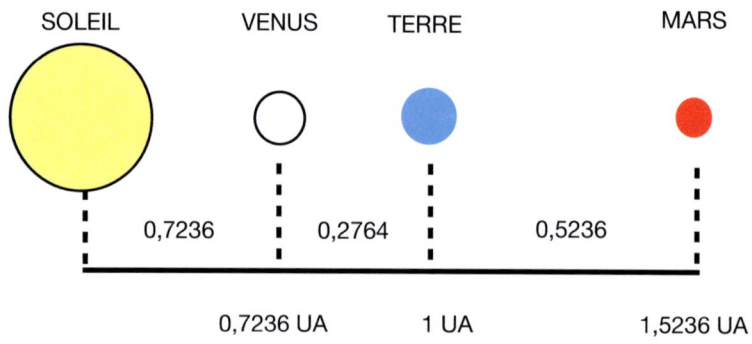

Quant à la distance qui sépare la Terre de la planète Vénus, elle vaut 0,27664 UA, soit une mesure qui indique le rapport de proportion entre le mètre le pied de Nippur avec une précision de 99,94 %, le pied de Nippur étant issu du Yard mégalithique puisque 3 pieds délivrent 1 yard mégalithique. On constate enfin que le rapport entre la distance Soleil-Vénus et Vénus-Terre est un rapport de 1/2,618 ± 0,004. Bref, les deux planètes proches de la terre présentent avec le Soleil des rapports de distances identiques aux rapports entre le mètre, la coudée royale et le yard mégalithique... Par quelle prodige une telle coïncidence est-elle possible ? Doit-on appeler cette coïncidence « Dieu », ou simplement envisager que ces mesures furent pensées en fonction de considérations qui dépassent tout ce que nous avions imaginé ? **Allez, pour le plaisir je glisse ici une dernière preuve des connaissances précises qu'avaient les anciens Egyptiens de la distance Terre-Soleil. Cette distance est de 149 600 000 km, or cela représente 2000 milliards de paume Egyptienne de 7,48 cm, la précision est de 99,9988%. (1 paume vaut 1/7 de coudée)**

A ce stade, il m'apparaît opportun de rappeler la définition des mathématiques inscrites sur le papyrus de Rhind.

Mathématique : Méthode correcte d'investigation dans la nature pour connaître tout ce qui existe, chaque mystère, chaque secret.

Cette définition ne peut que nous inviter à employer les mathématiques pour percer les mystères de l'Égypte, mais aussi ceux de l'Univers.

Le mètre n'est certainement pas la seule unité de mesure fondamentale que manipulèrent les anciens. Les mesures mégalithiques et anglaises font partie de ce système de mesure. Je vous propose un exemple illustré qui vaut mieux qu'un long discours et qui permet de relier les mesures égyptiennes, anglaises, mégalithiques et le mètre. (figure 11)

Ces curiosités semblent dénuées de sens pour les modernes que nous sommes, incapables d'envisager que le mode de pensée et de perception ancien était peut-être supérieur au nôtre. Sans entrer dans le détail des explications, j'en suis arrivé à comprendre que les anciens ont cherché à concevoir des unités de mesure qui, numériquement, permettent de relier l'astronomie, la taille de la Terre, des constantes mathématiques, de science physique, mais aussi de physique quantique. Le mètre pourrait bien être un dénominateur commun de plusieurs constantes scientifiques qui organisent notre environnement sur Terre et dans le ciel, sans oublier l'humain. Le mètre et la coudée royale apparaissent telles des clefs pour comprendre les principes primordiaux de notre univers.

RÉFLEXION À PROPOS DES IMPLICATIONS DE CES FAITS TROUBLANTS.

Pourquoi, comment, par qui ? Telles sont les interrogations qui bouleversent les curieux découvrant notre travail.

Les implications de ces découvertes dépassent le cadre d'un simple enseignement dans les livres d'histoire. Ces découvertes remettent en cause les travaux de ceux qui sont censés étudier l'Histoire et nous en proposer une image. Mais cela va plus loin encore et remet en cause

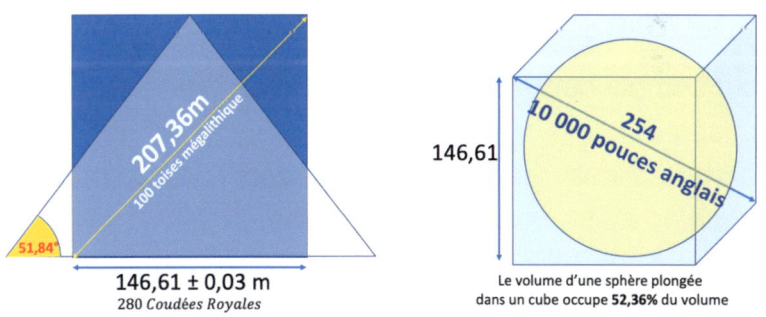

Figure 11 : La pyramide de Khéops, gardienne des mesures anciennes.

les fondations sur lesquelles nous nous appuyons en tant que civilisation et en tant qu'humains.

L'Égypte n'était, contrairement à ce que l'on a cherché à nous faire croire, pas un pays dirigé par des rois tyranniques, mégalomanes, épuisant le peuple pour l'érection de tombeaux titanesques. C'est pourtant ce qui reste de l'enseignement divulgué aux enfants à l'école et dans les documentaires télévisuels. Au mieux, on vantera le génie des Égyptiens pour leurs constructions, en donnant des explications théoriques simplistes partiellement fausses quand elles ne sont pas biaisées. Mais au grand jamais on ne s'attardera sur une société qui, sans avoir recours ni à la monnaie ni à l'esclavage, a réalisé de tels travaux. Et l'on s'attardera encore moins sur les connaissances scientifiques inscrites dans les monuments en étudiant simplement leurs géométries, leurs dimensions, leurs emplacements les uns par rapport aux autres et à l'échelle de la Terre.
Tout semble converger vers l'existence d'un peuple qui a consacré une énergie incroyable à léguer un héritage de connaissances universelles à travers des monuments capables de traverser les millénaires.
Comprenons bien que si l'on explique dans les écoles que nos ancêtres ont construit ces pyramides aussi pour nous transmettre des connaissances fondamentales, d'une portée primordiale et universelle, cela change radicalement notre regard sur l'humain. Nous ne

sommes alors plus les descendants de « barbares » en puissance, tout juste bons à exploiter, guerroyer, violer, piller et épuiser leur environnement et leurs congénères. Et le regard que nous portons sur nous-même change en laissant entrevoir qu'il y a quelque chose de fondamentalement bon dans l'humain. Nous pouvons alors avoir une autre vision, plus claire, de qui nous sommes en tant qu'espèce.

L'humanité ne peut se nourrir de biens matériels, elle se nourrit avant toute chose d'une vision du monde, de la vie, du sens qu'elle lui donne... l'humain se nourrit d'amour dès les premiers instants de son existence. Pourquoi en serait-il autrement ensuite ?

Ce cheminement nous fait comprendre dès lors, que c'est bien une profonde sensibilité à l'amour et à la vie qui a permis à nos ancêtres d'ériger les plus incroyables monuments de l'histoire de l'humanité avec des moyens « simples ». Tout cela en intégrant des constantes mathématiques, physiques et scientifiques d'un niveau moderne que les anciens ont pu acquérir par des procédés qui nous échappent encore, mais qui laissent entrevoir des capacités humaines collectives insoupçonnées.
Oui, des capacités humaines que nous avons perdues semblent nous avoir écartés d'un système en équilibre. Quelle autre civilisation a pu perdurer pendant près de

3000 ans en harmonie avec la nature, en réalisant des constructions grandioses, malgré des perturbations climatiques majeures et sans jamais manifester le désir d'étendre son territoire ? L'Egypte est peut-être la plus grande civilisation connue jusqu'à nos jours. Elle nous dépasse en bien des aspects.

L'humain est un être sensible, doué d'amour, d'émerveillement, de curiosité, baigné d'émotions qui le nourrissent, le font s'épanouir de manière équilibrée. Nous avons perdu ce lien avec notre environnement et nous ne regardons plus le ciel, les étoiles, la Lune et le Soleil. Nous avons cessé de nous émerveiller de ce monde qui nous entoure, de la beauté d'un arbre, d'une rivière ou d'une montagne. Cela ne date probablement pas d'hier, mais ce processus s'accélère avec le développement brutal d'un monde numérique abstrait et d'une pauvreté émotionnelle affligeante. Nous baignons dès l'enfance dans l'abstraction des écrans, des téléphones, tablettes, ordinateurs et télévisions !

L'humain moderne se gave de distractions abêtissantes et parfois de connaissances intellectuelles. Il semble s'être coupé de l'essentiel, à savoir l'émotion qui le nourrit. L'humain moderne est essentiellement stimulé par des émotions négatives, primaires et impulsives. Les jeux vidéos, le cinéma, le journal télévisé stimulent essentiellement la violence, la peur, l'angoisse, la colère, la jalousie, le désir compulsif de possession et une sexualité dénuée de son essence première, à savoir, l'amour. Quant à l'humain que nous qualifions de « non moderne », c'est-à-dire celui qui existait à l'époque ou les religions pesaient de tout leur poids, il est sensible aux merveilles qui l'entourent, mais il ignore la connaissance et s'invente un monde, laissant la place à des croyances. Ces dernières seront le terreau des religions, ces dernières le maintenant bien loin de ces humains qui érigèrent vraisemblablement les grandes pyramides. Le passage du polythéisme vénérant plusieurs principes divins d'ordre naturel (Soleil, Lune, Terre, Océan, Etoile...) à un dieu unique anthropomorphe illustre ce premier changement de paradigme.

L'astrophysicien Hubert Reeves, disait que « *l'homme est l'espèce la plus insensée, il vénère un dieu invisible et massacre une nature visible ! Sans savoir que la nature visible qu'il massacre est ce dieu invisible qu'il vénère* ».
Ma conviction est que l'humain ancien, à l'origine de cette science que nous défrichons, était doué de l'émerveillement et des émotions qui suscitent la vie, et savait s'en nourrir pour percevoir et développer une connaissance emprunte de spiritualité.
L'Égypte illustre à merveille ces anciens humains. Les connaissances qu'ils possédaient sont prodigieuses, et le sens du sacré qu'ils ont développé n'a rien à voir avec celui des religions qui lui succédèrent, où la croyance reposant sur la foi importe bien plus que la connaissance. Le « sacré » chez les Égyptiens implique

la connaissance. L'art et la science y sont interconnectés, indissociables, comme la face et l'envers d'une même pièce.

Bien sûr, ces réflexions méritent d'être approfondies et discutées. Mais elles sont en l'état ce que je perçois après 8 années de curiosité pendant lesquelles j'ai consacré une bonne partie de mon temps libre à ces recherches. Je ne vois pas de soucoupes volantes venant au secours des anciens bâtisseurs Égyptiens et mégalithiques. Mais plutôt une profonde reconnaissance de l'essence sacrée de la vie et l'amour de celle-ci. Quant à la « mesure », elle en est le témoin ou le gardien, telle la clef d'un monde en équilibre.

La loi du Maât, et sa *déesse représentant l'ordre, l'équilibre du monde, l'équité, la paix, la vérité et la justice* sur lesquels s'appuient les Egyptiens. Le hiéroglyphe pour écrire Maât utilise d'ailleurs le symbole de la coudée.

Figure 12 : Déesse Maât, avec symbole hiéroglyphique, qui contient le symbole de la coudée.

Djehouti Thot, le dieu des sciences en Égypte est, quant à lui le gardien de la coudée. Il est celui qui arpente cette Terre. La coudée est un objet sacré. Elle est la rectitude, la mesure, l'équilibre, la justice et elle incarne l'amour. « L'amour est la mesure du monde. »[30]

---

[30] Amour et mesure s'écrivent avec le même symbole chez les Sumériens. Et de nos jours, on emploie les mots « estimer » et « apprécier » pour dire que l'on aime quelqu'un, mais aussi pour mesurer par l'intermédiaire de notre perception, car l'estimation et l'appréciation s'appuient sur des facultés de perception et de ressentie…. comme l'amour. Ne dit ton pas que la mesure de l'amour, c'est d'aimer sans mesure !

ANNEXES

ANNEXE 1

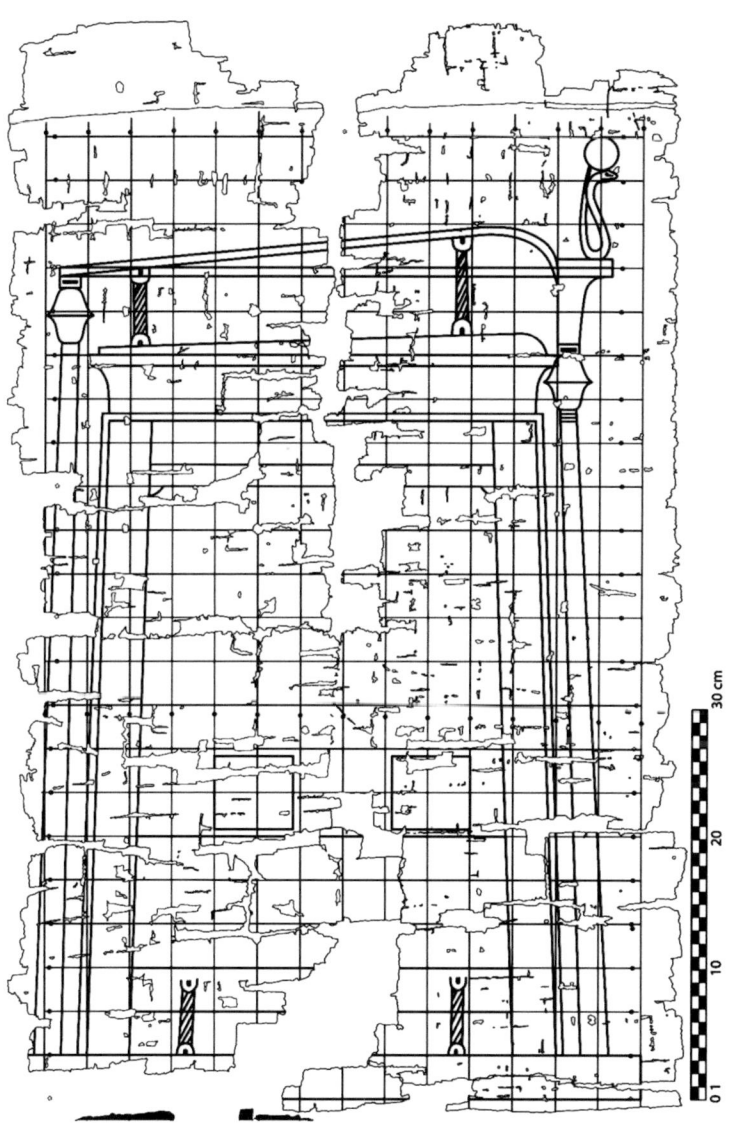

図1 『グラーブ祠堂パピルス』側面立面図（下は図2に続く；朱線によるグリッドはグレーで示した）

ANNEXE 2

Le yard mégalithique est la plus ancienne unité de mesure connue. Elle fut découverte dans un premier temps par l'étude statistique des cercles de pierres en Écosse, Grande-Bretagne par le professeur Alexander Thom et son fils Archibald, puis plus récemment par Howard Crowhurst, moi-même, et d'autres chercheurs à travers l'études des alignements mégalithiques de Bretagne.

Il existe plusieurs preuves matérielles de l'existence de cette unité de mesure. Tout d'abord la règle de Nippur, qui présente un pied mesurant 1/3 de yard mégalithique, et une coudée mesurant 1/4 de toise mégalithique[31]. Et enfin par la présence d'un pied gravé dans le tumulus dolmen du petit Mont (Arzon dans la Morbihan) et qui mesure 1 pied de Nippur, c'est à dire 1/3 de yard mégalithique.

Je renvoie les lecteurs à un article rédigé sur le sujet. « Le yard mégalithique, premier étalon de la Terre à l'époque néolithique » 2018, sur Academia.edu[32]

---

[31] Une toise mégalithique vaut 2,5 yards, cette mesure est issue du yard mégalithique.

[32] https://www.academia.edu/37321377/ LE_YARD_MEGALITHIQUE_LE_PREMIER_ETALON_DE_LA_TERRE _EPOQUE_NEOLITHIQUE

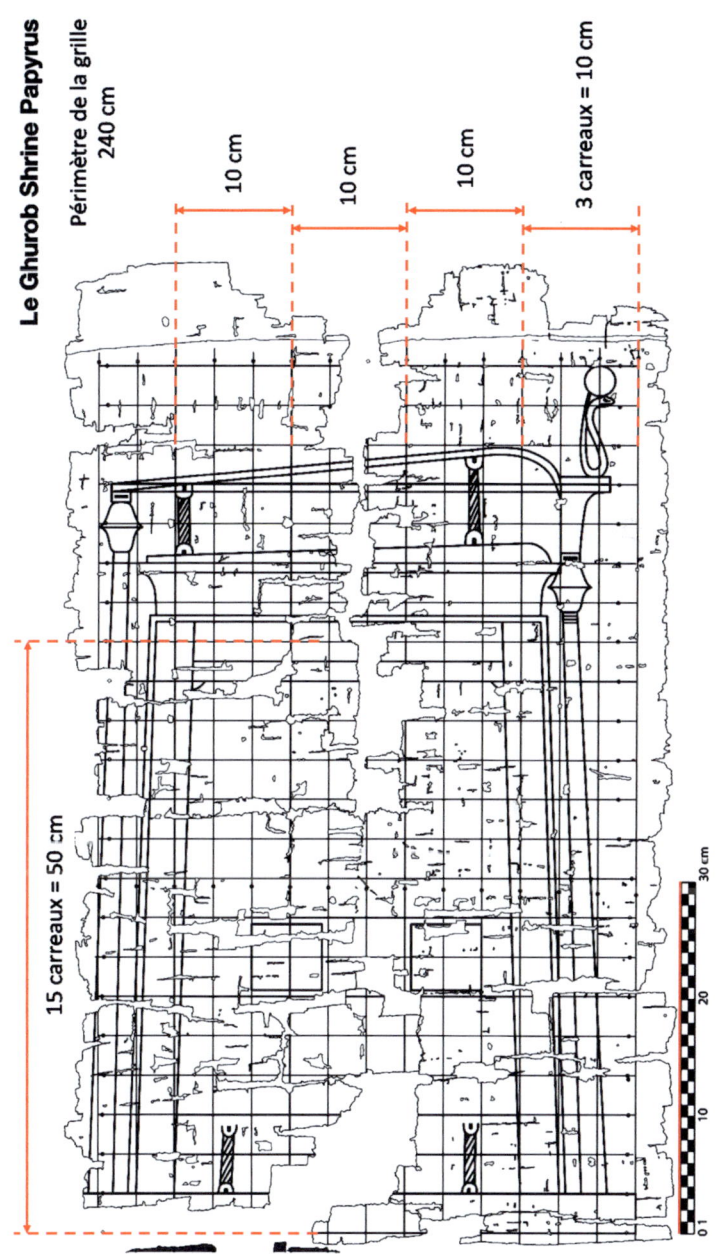

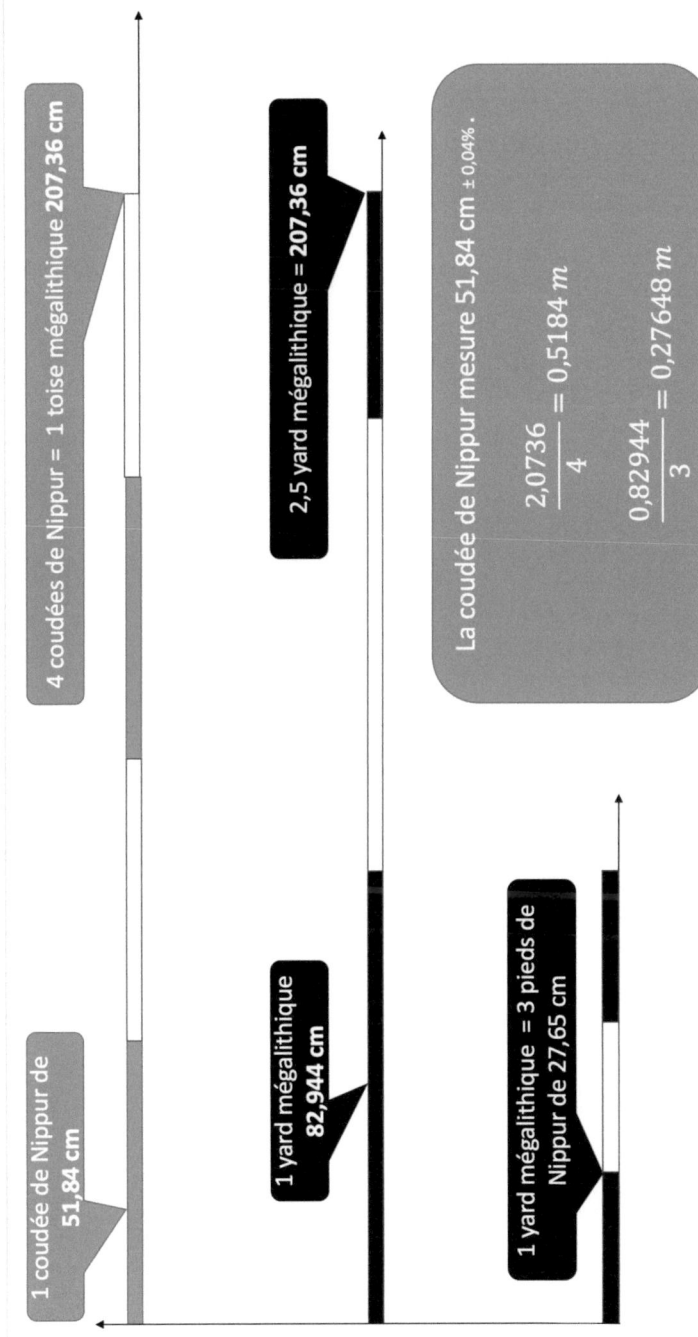

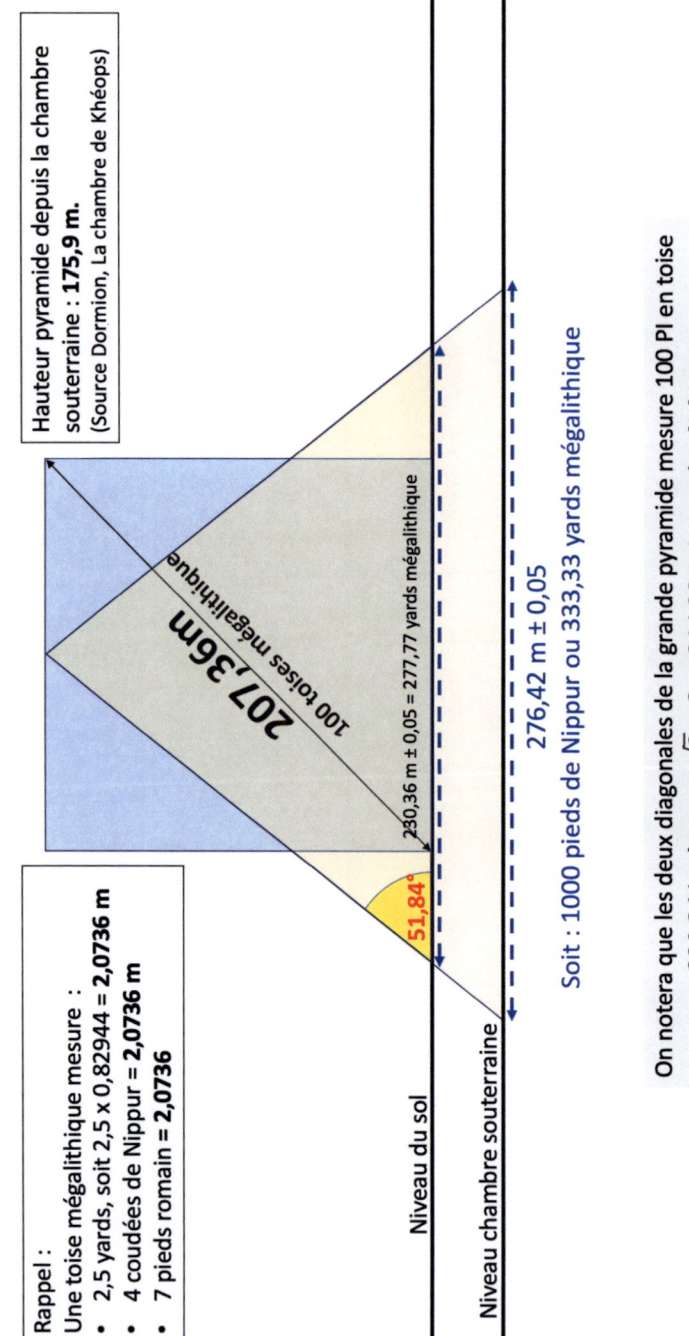

© 2021, Leplat, Quentin
Edition : Books on Demand,
12/14 rond-Point des Champs-Elysées, 75008 Paris
Impression : BoD - Books on Demand, Norderstedt, Allemagne
ISBN : 9782322182060
Dépôt légal : avril 2021